어머니학교

어머니 학교

이정록 시집

열림원

시란 거 말이다
내가 볼 때, 그거
업은 애기 삼 년 찾기다.
업은 애기를 왜 삼 년이나 찾는지
아냐? 세 살은 돼야 엄마를 똑바로 찾거든.
시 깜냥이 어깨너머에 납작하니 숨어 있다가
어느 날 너를 엄마! 하고 부를 때까지
그냥 모르쇠하며 같이 사는 겨.
시답잖았던 녀석이 엄마! 잇몸 내보이며
웃을 때까지.

「시 - 어머니학교 10」 부분

시인의 말

2010년 11월 9일 새벽, 어머니와 한 몸이 되어 잠에서 깨었다.
몸이 이상했다. 침대와 천장 사이를 날고 있었다. 내가 분명
했으나, 분명 내가 아니었다.
채 어머니로 변하지 않은 오른손이 쏟아지는 어머니의 말씀
을 받아 적기 시작했다.
어머니로 부화하려던 어리둥절한 내 눈망울이 허둥지둥 읽
어보고는 눈물을 흘렸다.

시의 품새와는 사뭇 다르니 시마詩魔도 아니고,
어머니께서 돌아가시지 않았으니 빙의憑依도 아니었다.
서른 편쯤 쓰고 나서야 깨달았다. 나를 낳으신 어머니가 수
천수만임을.
아주 옛날에도 나를 낳으셨고 지금도 출산 중임을.
앞으로도 나는 계속 태어날 것임을.

' '〈작은따옴표〉는 6과 9란 숫자가 원을 그리고 있다.
" "〈큰따옴표〉는 66과 99란 숫자가 강강술래를 하는 것 같다.
6세에서 9세까지의 동그란 언어로

66세에서 99세까지의 우주의 말씀을 따오고 싶었다.

어머니와 황새울을 살뜰하게 담아준, 친구 임병조에게 술잔을 건넨다.
사진기만 들이밀면 어머니는 금세 프로 모델이 되었다. 벗이기 때문에 가능한 일이었다.
평생을 닦아온 설렘과 기다림을 유감없이 발휘하셨다. 아들 같아서 즐거웠다고 하셨다.

깊고 따뜻한 해설을 보내주신 황현산 선생님과 편집부의 강희진 씨가 없었다면
이 시집은 눈도 못 뜬 채 불효막심의 가슴만 치고 있으리라. 또한 소설가 전성태와 정낙추 선생님,
충청토박이말 연구가 이명재 시인, 우리말사전을 집필 중인 장래형 씨, 작가 김도언 씨의 손길로
진흙 덕지덕지했던 눈동자가 빛을 내기 시작했다.

(휘영청, 대나무 끝마디에서 노래하는 새의 발목을
아기 염소가 우러르고 있다. 염소의 눈망울 속
태초의 신비를 오래 들여다보리라.)

2012년 초가을
황새울에서 이정록

차례

시인의 말 · 6

1
한숨도 힘 있을 때 푹푹 내뱉어라
한숨의 크기가 마음이란 거여

어머니학교 1   사그랑주머니 · 15
어머니학교 2   국수 · 16
어머니학교 3   얼음 등짝 · 17
어머니학교 4   나비 수건 · 19
어머니학교 5   나이 · 20
어머니학교 6   짐 · 22
어머니학교 7   갈대꽃 · 24
어머니학교 8   말판 · 25
어머니학교 9   홀아비김치 · 26
어머니학교 10   시 · 27
어머니학교 11   원고료 · 29
어머니학교 12   물 · 30

어머니학교 13	부지깽이 · 32
어머니학교 14	머리 경작 · 34
어머니학교 15	몸과 맘을 다 · 35
어머니학교 16	개꼬리 사주 · 36
어머니학교 17	집 · 37
어머니학교 18	그믐달 · 38
어머니학교 19	한숨의 크기 · 39
어머니학교 20	실패 · 40
어머니학교 21	그늘 선물 · 42
어머니학교 22	하늘 벼루 · 43
어머니학교 23	버섯 · 44
어머니학교 24	노루발 · 45
어머니학교 25	까치밥 · 46
어머니학교 26	이별맛 · 48
어머니학교 27	저승 문짝 · 51
어머니학교 28	풀 · 52

2

진짜 전망은 둥지에서 내다보는 게 아니고
있는 힘 다해 날개 쳐 올라가서 보는 거여

어머니학교 29	사랑 · 57
어머니학교 30	전망 · 58
어머니학교 31	새알 · 60

어머니학교 32	검은 눈물 · 61	
어머니학교 33	중3 빨갱이 · 62	
어머니학교 34	뼈 · 65	
어머니학교 35	살과 뼈 · 66	
어머니학교 36	거울 · 68	
어머니학교 37	부부 · 70	
어머니학교 38	보리 · 71	
어머니학교 39	칠순 천사 · 73	
어머니학교 40	저승사자 · 74	
어머니학교 41	인물 · 75	
어머니학교 42	남자는 하늘 여자는 땅 · 76	
어머니학교 43	주전자 꼭지처럼 · 77	
어머니학교 44	봉사 하느님 · 78	
어머니학교 45	궁합 · 79	
어머니학교 46	기도 · 80	
어머니학교 47	눈물 비누 · 81	
어머니학교 48	가슴 우물 · 83	
어머니학교 49	소녀 · 84	
어머니학교 50	들통 · 86	
어머니학교 51	흑미밥 · 87	
어머니학교 52	메주 · 88	
어머니학교 53	이우지 · 89	
어머니학교 54	허풍 · 91	
어머니학교 55	애기바위 · 92	
어머니학교 56	소설 · 94	

3
된장 고추장 빼고는 숫제 간도 보지 마라
가장 힘들어서 가장인 거여

어머니학교 57   눈물둑 · 99
어머니학교 58   가장 · 101
어머니학교 59   멸치죽 · 102
어머니학교 60   학생부군신위 · 103
어머니학교 61   정삼이 · 104
어머니학교 62   기적 · 106
어머니학교 63   선생님 · 108
어머니학교 64   중심 · 109
어머니학교 65   가물치 · 111
어머니학교 66   삐딱구두 · 113
어머니학교 67   장판 · 116
어머니학교 68   갈비뼈 장작 · 119
어머니학교 69   남는 장사 · 121
어머니학교 70   문상 · 124
어머니학교 71   수선화 · 127
어머니학교 72   하루살이 · 128

해설 · 130

1

한숨도 힘 있을 때 푹푹 내뱉어라
한숨의 크기가 마음이란 거여

사그랑주머니
어머니학교 1

노각이나 늙은 호박을 쪼개다 보면
속이 텅 비어 있지 않데? 지 몸 부풀려
씨앗한테 가르치느라고 그런 겨.
커다란 하늘과 맞닥뜨린 새싹이
기죽을까 봐, 큰 숨 들이마신 겨.
내가 이십 리 읍내 장에 어떻게든
어린 널 끌고 다닌 걸 야속게 생각 마라.
다 넓은 세상 보여주려고 그랬던 거여.
장성한 새끼들한테 뭘 또 가르치겠다고
둥그렇게 허리가 굽는지 모르겠다.
뭐든 늙고 물러 속이 텅 빈 사그랑주머니*를 보면
큰 하늘을 모셨구나! 하고는
무작정 섬겨야 쓴다.

* 사그랑주머니: 다 삭은 주머니라는 뜻으로, 속은 다 삭고 겉모양만 남은 물건을 이르는 말.

국수
어머니학교 2

푹 삶아지는 게

삶의 전부일지라도,

찬물에 똑바로 정신 가다듬고는

처음 국수틀에서 나올 때처럼 꼿꼿해야 한다.

국수걸대 회초리에서 몸 말릴 때처럼

입신양명, 끝내는 승천해야 한다.

가장 가난한 입천장을 향해

후룩후룩 날아올라야 한다.

얼음 등짝
어머니학교 3

늙고 병들면
시도 때도 없이 등이 가려워야
햇살에 얼음 등짝이 꺼지는 것 같아
등 긁개한테라도 살 부비고 싶어서 그런 겨
무덤 속 칠성판에 베옷 눕힐 때 등 박히지 않게
편육을 만드느라 그런 겨 찌푸리지 말고 평토 잘해봐

나비 수건
어머니학교 4

고추밭에 다녀오다가
매운 눈 닦으려고 냇가에 쪼그려 앉았는데
몸체 보시한 나비 날개, 그 하얀 꽃잎이 살랑살랑 떠내려가더라.
물속에 그늘 한 점 너울너울 춤추며 가더라.
졸졸졸 상엿소리도 아름답더라.
맵게 살아봐야겠다고 싸돌아다니지 마라.
그늘 한 점이 꽃잎이고 꽃잎 한 점이 날개려니
그럭저럭, 물 밖 햇살이나 우러르며 흘러가거라.
땀에 전 머릿수건 냇물에 띄우니 이만한 꽃그늘이 없지 싶더라.
그늘 한 점 데리고 가는 게 인생이지 싶더라.

나이
어머니학교 5

나이 따질 때, 왜

만 몇 살이라는지 아냐?

누구나 어미 배 속에서 만 년씩 머물다 나오기 때문이여.

어린 싹이나 갓난 것 보면 나도 모르게 무릎이 접히지,

삼신할미 품에서 만 살씩 잡수시고 나온 분들이라 그런 겨.

그러니께 갓난아기가 아니라, 갓난할배 갓난할매인 겨.

늙고 쭈그러져, 다음 우주정거장이 가까워오면

아기들한테 턱수염 잡히고 지팡이 뺏겨도

합죽합죽 매화꽃이 피지. 봄은 말이다,

늙은이들 입가에서 시작되는 겨.

논틀밭틀 같은 주름골에서 터지는 겨.

짐
어머니학교 6

기사 양반,
이걸 어쩐댜?
정거장에 짐 보따릴 놓고 탔네.

걱정 마유. 보기엔 노각 같아도
이 버스가 후진 전문이유.
담부턴 지발, 짐부터 실으셔유.

그러니께 나부터 타는 겨.
나만 한 짐짝이
어디 또 있간디?

그나저나,
의자를 몽땅
경로석으로 바꿔야겄슈.

영구차 끌듯이
고분고분하게 몰아.

한 사람 한 사람이
다 고분이니께.

갈대꽃
어머니학교 7

갈 때 되면
하늘을 자꾸 올려다보니께
하늘 좀 그만 쳐다보라고 허리가 꼬부라지는 겨.
하느님도 주름살 보기가 민망할 거 아니냐?
요즘엔 양말이 핑핑 돌아가야.
고무줄 팽팽한 놈으로 몇 켤레 사와야겠다.
양말 바닥이 발등에 올라타서는
반들반들 하늘을 우러른다는 건,
세상길 그만 하직하고 하늘길 걸으란 뜻 아니겠냐?
갈 때 되면, 입꼬리에도 발바닥에도
저승길인 양 갈대꽃이 펴야.

말판
어머니학교 8

말판 쓸 사람이 없어.

과부 넷, 홀아비 넷!

윷놀이 편먹기는 쉬워졌어.

온전한 부부가 한 집도 없어.

아파 누워도 대놓고 걱정 안 해.

누구 하나 성한 사람 없으니께

들릴락 말락 먼 산 건너다보며 말해.

나 떠나면 말판 놀 사람 생기겄네.

싱건지처럼 그냥 웃어.

홀아비김치
어머니학교 9

더 세게?
좀 더 세게?
배추는 꼭 껴안는 연습으로 평생을 나지.
한 번도 바깥세상 구경 못 한 배춧속이 얼마나 맛있겠냐?

너무 작다고?
알았어. 이래도 작아?
무는 땅속에 거시기를 콱 처박고는 몸을 자꾸 키우지.
그러니 얼마나 시원하고 알싸하겠냐?

그래, 처녀 속곳인 배추 품에
무채양념으로 속 박는 거여.
김장김치 하나에도 음양의 이치가 있어야.

무나 배추
한 가지로만 담근 걸,
그래서 홀아비김치라고 하는 겨.

시
어머니학교 10

시란 거 말이다
내가 볼 때, 그거
업은 애기 삼 년 찾기다.
업은 애기를 왜 삼 년이나 찾는지
아냐? 세 살은 돼야 엄마를 똑바로 찾거든.
농사도 삼 년은 부쳐야 귀신 씻나락 까먹는 소리며
이 빠진 옥수수 잠꼬대 소리가 들리지.
시 깜냥이 어깨너머에 납작하니 숨어 있다가
어느 날 너를 엄마! 하고 부를 때까지
그냥 모르쇠하며 같이 사는 겨.
세쌍둥이 네쌍둥이 한꺼번에 둘러업고
젖 준 놈 또 주고 굶긴 놈 또 굶기지 말고.
시답잖았던 녀석이 엄마! 잇몸 내보이며
웃을 때까지.

원고료
어머니학교 11

요샌 글이 통 안 되냐?
먼저 달에는 전기 끊는다더니
요번 달에는 전화 자른다더라.
원고료 통장으로 자동이체 했다더니
며느리한테 들켰냐?
글 써달란 데가 아예 없냐?
글삯 제대로 쳐줄 테니까
어미한테 다달이 편질 부치든지.
글세를 통당 주랴?
글자 수로 셈해 주랴?

물
어머니학교 12

티브이 잘 나오라고
지붕에 삐딱하니 세워논 접시 있지 않냐?
그것 좀 눕혀놓으면 안 되냐?
빗물이라도 담고 있으면
새들 목도 축이고 좀 좋으냐?
그리고 누나가 놔준 에어컨 말이다.
여름 내내 잘금잘금 새던데
어디에다 물을 보태줘야 하는지 모르겄다.
뭐가 그리 슬퍼서 울어쌓는다니?
남의 집 것도 그런다니?

부지깽이
어머니학교 13

용광로가 될 거다

참나무장작이 될 거다

호들갑 떨지 말고

넌 그저 부지깽이가 되어라.

네 종아리 후려치던

모지랑이 부지깽이가 되어라.

까막눈 어미한테 글을 깨우쳐주던

부지깽이 몽당심이 되어라.

부엌 바닥 흙공책에

식구들 이름을 받아 적던

검은 눈동자가 되어라.

불꽃 눈 치켜뜨는

반딧불이 되어라.

머리 경작
어머니학교 14

공부도 농사도 때가 있어.
콧구멍에 풋대추 들이밀어서
안 들어가면, 그해 모내기는 끝난 거여.
웃자란 모춤을 작두질해서 호미모 심고
지극정성으로 물 퍼 날라도 여물로나 쓸 뿐 나락은 못 봐.
공부도 매한가지여, 콧구멍 커져서 더운 바람 들어가면
머리통이 마른 논바닥 꼴이 돼놔서 글 경작은 끝장이여.
콧구멍에 박았다 뺐다, 애먼 풋대추만 꼴리지.

몸과 맘을 다
어머니학교 15

장독 뚜껑 열 때마다
항아리 속 묵은 시간에다 인사하지.
된장 고추장이 얼마나 제맛에 골똘한지
손가락 찔러 맛보지 않고는 못 배기지.
술 항아리 본 적 있을 거다.
서로 응원하느라 쉴 새 없이 조잘거리던 입술들.
장맛 술맛도 그렇게 있는 힘 다해 저를 만들어가는데,
글 쓰고 애들 가르치는 사람은 말해 뭣 하겠냐?
그저 몸과 맘을 다 쏟아야 한다.
무른 속살 파먹는 복숭아벌레처럼
턱만 주억거리지 말고.

개꼬리 사주
어머니학교 16

개꼬리에 먹물 찍어
십 년 넘게 밥 먹여준 주인 앞에 세워놓으면
좌우 허공에다가 주인의 전생과 후생을 휘갈기는데
밥그릇 두 개가 가장 좋은 거라더라.
굵은 한일자가 그다음이고,
가장 나쁜 것은 허공에다는 가시덤불 치고
폴짝폴짝 뛰면서 주인 얼굴에 먼지버섯 처바르는 건데,
필시 칠팔 년 넘은 닭뼈가 목청에 박혀 있다더구나.
개한테 잘해라. 서로 좋은 세상에
남의 목구멍에 말뚝 처박는 놈이 한둘이더냐?

집
어머니학교 17

돼지 집에 돼지만 살데?
병아리도 들락거리고 참새도 짹짹거리고.
본시 내 집이란 게 어디 있냐?
은행에 꼬박꼬박 월세 내며 사는
집 있는 사람들, 부러워할 것 없다.
외양간에 황소만 누워 있데?
강아지도 놀고 암탉도 꼬꼬댁거리고.
사람만 집을 대물림하지.
까치며 말벌이며 새들 봐라.
집은 버리는 거라고, 옛날에
글방 훈장 할아버지가 그러시더라.
그런 한자漢字가 있다고.
한문 선생인께 알 거 아니냐?
모르면 옥편 찾아보고.

그믐달
어머니학교 18

가로등 밑 들깨는
올해도 쭉정이란다.
쉴 틈이 없었던 거지.
너도 곧 좋은 날이 올 거여.
지나고 봐라. 사람도
밤낮 밝기만 하다고 좋은 것 아니다.
보름 아녔던 그믐달 없고
그믐 없었던 보름달 없지.
어둠은 지나가는 거란다.
어떤 세상이 맨날
보름달만 있겠냐?
몸만 성하면 쓴다.

한숨의 크기
어머니학교 19

미꾸라지 한 마리가 온 냇물 흐린다지만,
그 미꾸라지를 억수로 키우면 돈다발이 되는 법이여.
근심이니 상심이니 하는 것도 한두 가지일 때는 흙탕물이 일지만
이런 게 인생이다 다잡으면, 마음 어둑어둑해지는 게 편해야.
한숨도 힘 있을 때 푹푹 내뱉어라.
한숨의 크기가 마음이란 거여.

실패
어머니학교 20

실타래 뭉치하고
백옥 실패 하나씩 갖고 태어나지.
그 실마릴 놓치지 않으려고
빈주먹 옹송그리고 탯줄 벌겋게 우는 겨.
엉키고 꼬이는 실마릴 요모조모 풀다 보면
그 끝자락에 무슨 값나가는 옥패가 나올 것 같지만
아무것도 없어. 그냥 실마리 푸는 재미지.
뭔 횡재하려고 욕심부리면 안 되는 겨.
뭔가 나오겄지 언젠간 나오겄지 하고 견디는 거여.
실 꾸러미 속에 아무것도 없다 해서 생긴 말이
실속 없다는 말이여. 실속 없는 게 그중 실속 있는 겨.
다 살고 나면 빈손이 얼마나 고마운지 알게 돼.
실패가 없으니 다시 감고 맺힐 일도 없잖아.
너 한 번 더 살아봐라, 하느님이 욕이야 하겠어?
실속 챙기려다 실 뭉치에 갇힌 놈들을
실패한 인생이라고 하는 겨.

그늘 선물
어머니학교 21

어느 한쪽으로 치우치지 마라.
왼손잡이가 이 밭 저 밭 코뚜레 잡아채도
소 콧구멍은 오른쪽으로 삐뚤어지지 않는다.
오른손잡이가 이 장바닥 저 장바닥 고삐 몰아쳐도
화등잔만 한 눈알이 왼편으로 뒤집히지 않는다.
워낭 소리도 코쭝배기에 송알송알 맺힌 땀방울도
어느 한쪽으로만 쏠리지 않는 법이여.
낭창낭창 코뚜레만 파이다 동강나는 거여.
땀 찬 소 끌고 집으로 돌아올 때
따가운 햇살 쪽에 서는 것만은 잊지 마라.
소 등짝에 니 그림자를 척하니 얹혀놓으면
하느님 보시기에도 얼마나 장하겠냐?

하늘 벼루
어머니학교 22

너무 바쁘고 힘드니까

밤낮없이 밤밤이었으면 싶어.

하느님은 붓글씨 안 배운다니?

벌건 해 벼루 삼아 밤밤으로

흥건하게 먹이나 좀 갈지.

버섯
어머니학교 23

뽕나무 버드나무 미루나무 밑동에 지푸라기가 덮여 있으면
뽕나무버섯 버드나무버섯 미루나무버섯이 자라고 있는 겨.
임자가 있다는 뜻이지. 그럼 아무도 안 건드려.
별과 달은 바라보는 사람 거지만 버섯은 부지런한 사람 몫이여.
우리 집 텃밭두둑의 감나무 뽕나무 미루나무엔
내가 사철 지푸라기를 덮어놔. 니들이 버섯을 좀 좋아하냐.
엊그제는 초롱산의 모든 소나무 밑에 외양간마냥
지푸라기를 깔아놓으면 어떨까? 우스운 생각을 다 했다.
그날 밤 꿈에 송이버섯이 죽순마냥 그득그득 솟아오르더구나.

노루발
어머니학교 24

꿈꿨는데 말이여, 얼굴은
니가 분명한데 몸뚱이는 노루인 겨.
근데 가만 살펴보니 발이 셋이여.
조심스럽게 노루에게 물어봤지.
큰애야, 뒷다리 하나는 어디다 뒀냐?
그랬더니 머루눈을 반짝이며 울먹울먹 말하더라.
추석이라서 어머니께 드리려고 다리 하나 푹 고았어요.
잠 깨고 얼마나 울었는지, 운전 잘해라.
뭣보다도 학교 앞 건널목 지날 땐
소금쟁이가 풍금 건반 짚듯이
조심하고, 또, 조심해야 쓴다.

까치밥
어머니학교 25

- 곶감 많이 깎았나요?

허리 꼬부라진 어미가 감도 따랴?

- 처마 밑 곶감 연등이 보기 좋던데.

해마다 까치밥이 늘어
올해는 통째로 주렁주렁하다야.

- 나중에 얼음홍시 따먹으면 되겠네.

청설모하고 새들이 뭔 예절을 알아서
네 것을 남겨두겠냐?

- 개들은 학교 안 다니나?

대학원까지 십수 년 공부한 너도 이 모양인데
두서너 해 살다 가는 것들이 뭔 공부를 하겠냐?

- 아이고, 제가 내려가서 딸게요.

그나저나
동네 까치들 죄다 변비 걸리겠다.
까치 똥구멍 찢어지겠다.

이별맛
어머니학교 26

한나절 고추 말목 세웠더니 뻐근하구나.

- 제가 내려가면 하시지.

작년 말목 다 버리고 쇠꼬챙이를 장만했더니
쑥쑥 잘 들어가야.

- 그래도 혼자 망치질하려면 힘드셨을 텐데.

네 고추 말목은 괜찮나 모르겠다.
그 아비에 그 자식이겄지만,

- 올해 고추는 쇠맛이 박혀 맵겠네요.

쇠맛 좋지.
녹슨 못을 혀에 대보면 이게 이별맛이다 싶어.

- 어머니가 시인이네요.

호랑이도 안 물어갈 겨.
어미는, 녹슨 고철맛이라서.

저승 문짝
어머니학교 27

땅바닥에다 절하고 댕기느라
허리가 끊어지겄다.

- 평생 논밭에다 절하셨잖아요?

꼿꼿하게 힘을 줘도 금세 활처럼 휘어야.

- 활은 만들어서 어디다 쓰시게요?

힘 남았을 때, 한번
오지게 당겨보려고 그런다.

- 멧돼지라도 잡으시려고요?

미친놈! 단박에
저승 문짝에 명중시키려고 그런다.

풀
어머니학교 28

풀은 잠든 사이에 잘 뽑히지.
꼴 벨 때도 마찬가지야. 비 오는 날하고
안개 낀 날엔 아예 기척을 안 해, 늦잠꾸러기야.
네 동생 정삼이마냥 초저녁잠도 많고 말이여.
햇볕이 따가워지면 해를 등지고 앉아서 밭을 매지.
뜨건 해를 피하려는 것만은 아녀, 풀들이 깰까 봐 그러지.
몸을 다 드러내는데 얼마나 아프겄냐?
쨍쨍한 날 지심 매다 뒤돌아보면
금세 말라 있어. 근데, 눅진 날에는
그냥저냥 누운 채로 있으니까 맘이 편해.
나도 풀마냥 잠결에 갔으면 싶어.

2

진짜 전망은 둥지에서 내다보는 게 아니고
있는 힘 다해 날개 쳐 올라가서 보는 거여

사랑
어머니학교 29

편애가 진짜 사랑이여.
논바닥에 비료 뿌릴 때에도
검지와 장지를 풀었다 조였다
못난 벼 포기에다 거름을 더 주지.
그래야 고른 들판이 되걸랑.
병충해도 움푹 꺼진 자리로 회오리치고
비바람도 의젓잖은 곳에다가 둥지를 틀지.
가지치기나 솎아내기도 같은 이치여.
담뿍 사랑을 쏟아부을 때
손가락 까닥거리는 건 절대 들키면 안 되여.
풀 한 포기도 존심 하나로 벼랑을 버티는 거여.
젖은 눈으로 빤히 지릅떠보며
혀를 차는 게 그중 나쁜 짓이여.

전망
어머니학교 30

새들이 이제 사람도
팡개질도 무서워 안 해,
둥지가 자꾸 낮아지더구나.
먹을 게 지천인데 누가 새 잡겠냐?
허수아비 대신 마네킹을 세놔도 허사여.
밭두둑에 수건 벗어놨는데 까치가 쪼아대더구나.
어미까치지 싶어 그냥 놔두고 왔다.
낮은 층에 살면 밖에서 들여다본다고 싫어하던데
사람은 사람에게 비춰보며 살아야 해.
들여다보면 좀 어떠냐? 제 집에서 뭔 나쁜 짓을 그리 많이 한다고.
로열층이 어떻고 경치가 어떻고 으스대지만
전망도 한두 번이면 텔레비전만도 못한 거여.
사람만큼 좋은 전망이 어디 있겠냐?
새는 눈이 없어서 낮은 곳에 둥지를 틀겠냐?
진짜 전망은 둥지에서 내다보는 게 아니고
있는 힘 다해, 날개 쳐 올라가서 보는 거여.

새알
어머니학교 31

은행 유리벽에 부딪혀
어미 새가 죽자 수컷이 몇 번이나
머리통을 짓찧고는 뒤따라 죽었댜.
금실 좋다고, 여직원들이 화단 상사화 옆에다
무덤 쓰고 젓가락 십자가도 세워줬다더구나.
스무 해 가까이 혼자 사는 것도 빈집 헛간 같은데
왜 그런 애길 과부 앉혀놓고 하는지 모르겠더라.
그러니께 통장 겉장에 왜 둥지를 찍어놨느냐고?
희고 둥근 알을 한가득 담아놨으니
어떤 어미가 유리창 밖에서 끼웃대기만 할 거여.
죽기살기란 말이 새한테도 있는 거여.
나한테는 니들이 희고 둥근 알이니께
어미 이마빡에 피 안 나게, 잘해.

검은 눈물
어머니학교 32

타닥타닥!
튀기는 소리가 아니라
호호! 식히는 소리라야 해.
성난 새끼 추스를 때에는, 구름이
구름에 스미듯 촉촉이 젖어야지.
개펄을 차고 오르는 진흙범벅의 어깻짓이 아니라
슬며시 날개를 접는 품새라야지. 접은 날개깃
다시 한 번 추스르고는 먼 노을이나 바라봐야지.
가랑비 맞는 짚불처럼 검은 눈물 들이켜야지.
토닥토닥! 성난 새끼 추스를 때에는.

중3 빨갱이
어머니학교 33

막내 중학교 삼학년 때다.
초대 학생회장이 되었다고 축하도 많이 받았지.
비바람 치던 어스름에 부랴부랴 비닐하우스 내리고 들어왔는데
전화통이 불나게 울어대, 받아보니 교장 선생님인 겨.
애가 나쁜 짓을 했으니 당장 학교 나와야 된다는 겨.
얼마나 큰 잘못이간 훈육 선생님 놔두고 교장까지 나서나?
가슴이 방망이질 치대.
걔는 코딱지도 어른한테 허락 맡고 파내는 앤데 말여.
질척대는 이십 리 밤길을 허우허우 달려가 보니께
삽날에 갇힌 두더지 꼴로 엄니들 셋이 앉아 있는 겨.
새 마누라 보려고 모개로 선보러 나온 것마냥
교감하고 서무과장하고 교장이 건너편에 앉아 있고 말이여.
말씀인즉 애들이 빨갱이가 됐다는 겨.
사법적 결정에 따라 학교를 떠나는 전교조 교사들 배웅한다고
지들끼리 싸가지 없이 실외 조회도 열고
찬양인지 고무다린지 교실 뒤편에 금강산 백두산 사진도 잔뜩 붙여놨다는 겨.

옆에 있던 엄니들이 우리 애 살려달라고
어미 아비가 무식해서 잘못 가르쳤다고
소파에서 내려와 무릎 꿇고 조아리는 거여.
그래 일자무식한 어미가 한마디 날렸다야.
내가 학교 문턱이라곤 니들 운동회하고 졸업식 때 가본 게 다지만
아버지한테 구박받으며 배포 하나는 두둑하게 키웠지 않냐.
큰놈부터 막내까지 삼남 이녀가 몽땅 이 학교에 적을 뒀는데
그간은 빨갱이가 한 놈도 안 나왔다. 큰애는
사범대학 나와서 선생까지 하는데 유독 막내 놈만 빨갱이가 됐냐?
학교 교육은 최종적으로 교장 선생님이 책임지는 거 아니냐?
잘못은 교장 선생님이 해놓고 왜 겁주고 윽박지르냐?
내가 교육청하고 신문사에다 죄 따져볼 거다. 쏴붙이고는
둘러보니께, 무릎 꿇고 있던 엄마들은 다시 소파에 앉고
그치들은 똥통에 빠진 생쥐마냥 날 빤히 건너다보는 겨.
결국 교문 밖까지 극진하게 배웅받았지.
너도 애들 잘 가르쳐라. 칠판이 뭐냐.

그게 숲이고 바다여. 까닥 잘못하면 생피범벅인 애들을
악어 떼에게 집어던질 수도 있고
식인상어와 맞겨루게 할 수도 있는 겨.
밤늦게 제 찢어진 속곳 꿰매달라고
당최 학부모한테 전화질하지 말고.

뼈
어머니학교 34

늙다리 암캐가
자꾸 뼈다귀를 물어 와야.
암만해도 새끼가 들어선 모양이여.
저도 뼈대 센 새끼를 낳고 싶겄지.
풍찬노숙하다가 겨우 개집에 든 백골에 뭔 영양분이 있다고,
지극정성이다. 뼈다귀로 집 한 채 짓는 게 출산인 줄 알까?
앞산 공동묘지 그 어떤 백골도, 한때는
자신의 배냇저고리를 어미가 핥았을 거 아니냐?
사람보다 개 눈망울 들여다보는 게 맘이 더 시려야.
그 녀석 이빨 자국 깊은 피범벅을 내가 치료해줬잖니.
긴 혓바닥이 내 손바닥 속 뼈마디를 샅샅이 핥아대.
뼈다귀 물어다 쌓아둔 게 다 연습하려고 그랬나 봐.
자기 집에 쌓아둔 뼈다귀나 말라빠진 내 손등이나 비슷하겄지.
어미가 지은 뼈다귀 서까래는 허물어질 때가 됐나 봐.
두개골 부풀려 봉분으로나 쓸 수 있을라나?
뼛속에서 먼 동네 개 짖는 소리가 들려야.

살과 뼈
어머니학교 35

연살
바지게살
창호지문살
암만 생각해도
살과 뼈가 바뀐 것 같지 않냐?
왜, 연뼈
바지게뼈
문뼈라고 하지 않을까?
하지만 그게 아녀.
문살은 문풍지가 목뼈고
바지게살은 지게다리가 정강이뼈고
연살은 바람구멍이 등뼈인 겨.

왜냐면, 살은 타는 거고
뼈는 우는 것이거든.
그런데, 뼈와 살이
한꺼번에 울고 탈 때가 있어야.
그건 새끼가 아플 때여.

할머니는 생짜로 셋이나 앞세웠으니
뼈고 살이고 캄캄하게 눈이 멀어서
대낮에 차에 치신 겨.
살을 끌어다 숨통을 끊으신 거여.
당신의 뼈로 당신의 고통을.

거울
어머니학교 36

산해진미만 먹어도 목구멍에 가래가 끼고,
독경 소리만 듣고 살아도 귓밥이 고봉밥인 거여.
어미가 맘 조리 잘못하고 너한테 쌍소리해서 미안하다.

꽃향기만 맡으며 사는
선녀 콧구멍에도 코딱지 가득할 거여.
하물며 어미는 똥밭에 구르는 쇠똥구리 아니냐?

먹고 싸고 숨 쉬는 게, 도 닦는 거여.
향기도 꿀도 다 찌꺼기가 있는 법이여.
아무 곳에다 튀튀 내뱉으면 어린애지 어른이냐?

자식만 한 거울이 어디 있겠냐?
도 닦는 데는 식구가 최고 웃질인 거여.

부부
어머니학교 37

뿌리 잘린 나무를 옮겨 심고
버팀목을 들일 때에도, 녀석이 혼자가 아니라면
서로의 옆구리를 잇대어 묶어주지.
어느 한 녀석이 아프고 서러워 울먹이면
다른 녀석들이 따라 어깨라도 들먹이라고.
작은 새라도 와서 야윈 가지 출렁이면
같이 웃어도 보며 눈물 쓰윽 닦으라고.
죽어 장작이 되기 전에 어깨걸이부터 가르치는 거지.
형제자매도 한방에서 장작개비처럼 발 쌓고 자봐야
어려울 때 한식구로 숲을 이루는 겨.
부부라면 더군다나 말할 것도 없지.
부부하고 부목하고 다 부씨 아니냐?
연애할 때는 불불이었는데, 받침을 활활
불쏘시개로 태우고 부부가 된 거여.

보리
어머니학교 38

혼자 밥 먹다 보면
생각이 술빵처럼 부풀어 올라야.
쌀알 들여다보면 누군가 한 입 베어 먹은 듯
쌀눈 자리가 파여 있지, 쌀 한 톨 대웅전에 모셔놓고
그 쌀눈에 부처님을 앉히면 좋겠다는 생각도 했어야.
생각을 뜯들이다 보니 밥그릇 하나에 부처님이 수천이라
고봉밥 한 그릇이 흰 연꽃으로 피어나야.
높은 하늘 우러르려면 눈이 깊어야겠지,
너른 들판 내다보려면 눈물샘이 촉촉해야겠지, 하고는
쌀눈 같은 사람 되라고 기도 올리는구나.
하지만 보리를 홀대해서는 안 되여.
어미도 며늘아기도 여동생도 다 보리 아니겠냐?
보리는 진즉 마른 밭에 뿌리 내릴 줄 알고는
제 몸에 검은 물줄기 하나씩 들여놓지 않았든?
세상 모든 강은 보리천에서 시작된 거여.
물 없이는 부처도 보리수도 태어나질 못해야.

칠순 천사
어머니학교 39

남자나 여자나 한때 천사였기에
날갯죽지에 아직도 깃털이 솟는다만,
새는 외려 훨훨 날기 때문에 겨드랑이에 솜털뿐인 거여.
여자들이 겨드랑이 깃털을 다듬는 것은
사내들보다 더 천사에 가깝기 때문이지.
여자는 죽을 때까지 하늘을 나는 꿈을 꾼단다.
아파트든지 백화점이든지 높은 층수만 보면
날아오르려는 아내를 나무라지 말거라.
죽지는 꺾였다만 이 어미도 칠순 천사다.

저승사자
어머니학교 40

세상 모든 집에
하느님을 보낼 수 없어서 어머니를 보냈다는
쑥스러운 말이 있더구나.

세상 모든 집안에
저승사자를 보낼 수 없어서 아내를 보냈다는
얼토당토않은 말도 있더구나.

아내한테는 자식한테처럼 자분자분
이 어미한테는 아버지한테처럼 든든당당,
그럼 어디 감히, 저승사자가
이승에다 호적을 두었냐?

인물
어머니학교 41

생선하고 여자는
자고로 물이 좋아야 하는데 어떠냐?

- 아직은 무논 참배미예요.

다행이다.
물 얘기 꺼낸 김에 우스갯소리 하나 하랴?

- 곗돈 타셨나, 왜 이리 좋으시데요?

사내는 요물에 죽고
계집은 양물에 죽고
일소는 여물만 우물거리다 죽는 거여.

- 재밌네요. 인삼밭에 일 나갔다가 귀동냥하셨어요?

구정물에 정신 빠뜨리지 말고
너는 그저 인물이 돼야 한다.

남자는 하늘 여자는 땅
어머니학교 42

남자는 하늘
여자는 땅이라는 것부터 바뀌어야
남녀평등이 온다고 빨래박산지 냉면박산지
유식이 동생 무식이 여편네가 방송에 나와 일장연설을 늘어놓더라만
남자가 시원찮은 건 하늘이라서 그런 게 아니고
천둥번개를 아무 때나 내지르는 먹구름 하늘이라 그런 거고,
여자가 형편없는 거는 시도 때도 없이 땅속 불덩이를 꺼내어
신랑이며 새끼들 얼굴에 끼얹어서 그런 거지.
진짜 하늘은 먹구름 너머, 맑고 시린 쇠기러기 하늘이라야 쓰고
좋은 땅은 송아지 코쭝배기마냥 촉촉한 땅이라야지.
당연지사 남자는 하늘이고 여자는 땅인 거여.
그러니께 사랑에 빠지면 남자는 땅땅해지고
여자는 살랑살랑 하늘거리는 겨.

주전자 꼭지처럼
어머니학교 43

어미 아비가 되면 손발 시리고
가슴이 솥바닥처럼 끄슬리는 거여.
하느님도 수족 저림에 걸렸을 거다.
숯 씹은 돼지처럼 속이 시커멓게 탔을 거다.
목마른 세상에 주전자 꼭지를 물리는 사람.
마른 싹눈에 주전자 꼭지처럼 절하는 사람.
주전자는 꼭지가 그중 아름답지.
새 부리 미운 거 본 적 있냐?
주전자 꼭지 얼어붙지 않게 졸졸졸 노래해라.
아무 때나 부르르 뚜껑 열어젖힌 채
새싹 위에다 끓는 물 내쏟지 말고.

봉사 하느님
어머니학교 44

빈집 뒷간 들여다보면
참 맑지. 수족 저린 하느님이
제 천둥 기침에 놓쳐버린
세숫대야가 거기 처박혀 있지.
거울처럼 맑은 거 보면
하느님은 참 꼬질꼬질할 거여.
늙은 저도 눈 침침해서 못 찾는 거지.
여기요! 여기요! 박꽃이 덩굴손을 흔들고
늙은 호박이 누렇게 뜬 얼굴로 기다려도
제 세숫물도 못 찾는 겨. 그러니께 늙다리 어미도
빈 집에 홀로 처박아두는 것 아니겠냐?

궁합
어머니학교 45

구제역 덮쳐 서둘러 생땅 파고
비닐장판 비닐벽지 눈물로 처바른 지하 단칸방

빗물 스밀라, 소 돼지들의 비닐관짝 위로
한숨 솟구치는 플라스틱 굴뚝도 열 개
골골 산골마을 지붕 위 굴뚝도 열 개

두렷두렷 빈 축사 들여다보고는
파란 비닐지붕에 찍어놓은 고라니 발굽도장
임대 계약서마냥 꽝꽝 검붉은 도장도 열 개

세상에나, 이런 궁합이라니!
이런 피눈물 궁합이라니!

기도
어머니학교 46

쥐 꼬랑지마냥 길쭉한
애장터 쥐꼬랑밭 있잖냐?
그 쥐꼬랑밭이 쭈뼛쭈뼛 떠올라야.
백일도 못 넘긴 아기를
광목천에 싸서 곱돌 속에 묻었지.
달포쯤 지나면 살이 문드러져
돌무덤이 멧비둘기 소리로 울어야.
그 곱돌 꺼지는 소리에 하느님 부처님
주저리주저리 기도 많이 올렸지.
벌써 오십 년도 넘은 일인데
쥐꼬랑밭 팔아넘긴 지 이십 년도 넘었는데
어째서 그 고샅에서 한 치도 못 벗어난다니?
너희 다섯 말고 두엇 눈 감긴 죄가 이리도 사무친다야.
우리 아기 이제야 뼈가 녹는지
곱돌 무너지는 소리 우르르
부르르 가슴팍을 덮쳐야.

눈물 비누
어머니학교 47

비누나 비눗갑마냥
쉬이 더러워지는 게 삶이여.
처음부터 때가 껴 있던 게 아니라
골골 때가 탄 거지, 미움이니 원망이란 것도
무언가 다가와 몸 부리고 간 흔적 아니겠냐.
내가 끌어들인 거품이 가슴속 어둔 골짜기에
둥지를 튼 거지, 다음 몸이 들어와 살 부빌 것 생각해서
사금파리나 면도날은 어떻게든 파내야지.
주름살은 날카로운 게 빠져나간 자리여.
그 마음 골짜기 다스리는 데는 눈물만 한 비누가 없어야.
모든 강물의 원천은 눈물샘이여.
남몰래 넘치는 눈물 한 방울.

가슴 우물
어머니학교 48

허물없는 사람 어디 있겠냐?
내 잘못이라고 혼잣말 되뇌며 살아야 한다.
교회나 절간에 골백번 가는 것보다
동네 어르신께 문안 여쭙고 어미 한 번 더 보는 게 나은 거다.
저 혼자 웬 산 다 넘으려 나대지 말고 말이여.
어미가 이런저런 참견만 느는구나.
늙을수록 고양이 똥구멍처럼 마음이 쪼그라들어서
한숨을 말끔하게 내몰질 못해서 그려.
뒤주에서 인심 나는 법인데
가슴팍에다 근심곳간 들인 지 오래다 보니
사람한테나 허공한테나 걱정거리만 내뱉게 되여.
바닥까지 두레박을 내리지 못하니께
가슴 밑바닥에 어둠만 출렁거리는 거지.
샘을 덮은 우덜거지를 열고 들여다봐라.
하늘 넓은 거, 그게 다 먹구름 쌓였던 자리다.
어미 가슴 우물이야, 말해 뭣 하겠어.
대숲처럼 바람 소리만 스산해야.

소녀
어머니학교 49

벌레똥 품고 있는 꽃송아리도 많지.
아름다움과 향이 똥을 부른 거지만
꿀똥이라고 여기면 기분 상할 거 없지.

꽃 이파리에 싸먹으라고
나처럼 동그란 씨앗 맺으라고
애닳아 만든 똥이구나 생각하면 언짢을 거 없지.

벌레똥 덕지덕지 검버섯이 뭐라니?
어미도 한때는 잘 여민 꽃봉오리였지.
벌레처럼 탁탁, 사내 눈길 털어내던 꽃다운 소녀였지.

들통
어머니학교 50

순천향병원에서 자궁 들어낼 때 일이다.
하루는, 새벽부터 껄떼기가 멈추질 않는 거여.
숨도 참아보고 물도 한 바가지 마셔봐도 저녁때까지 멈추질 안 해.
의사한테 말하니까 껄떼기가 뭐냐? 되레 묻더라.
그것도 모르고 무슨 의사냐? 피겨가 도대체 멈추질 않는다고
가슴 치며 껄떡거리니까, 그제서 알아먹는 거여.
껄떼기하면서 토막말을 하니까 눈치챈 거지.
아, 딸꾹질 말이에요! 딸꾹질을 아는 양반이
어째 껄떼기며 피겨는 모르는지? 박수치며 웃어댔지.
순간, 피겨가 감쪽같이 멈추는 거여.
벙어리 냉가슴이란 게 몇십 년 묵은 딸꾹질 아니겠냐?
집 들어낸 게 문제가 아니라, 이제
내 아랫도리가 통했구나! 생각하니
슬픔도 싹 가시더라. 내가 맘을 여니까
아랫도리가 딸꾹질을 시작하는 거여.
어미가 너무 야했냐? 여하튼 통해야 사는 겨.
들통 날 일 숨겨놓고는 통할 수가 없는 거여.

흑미밥
어머니학교 51

우리 동네가
그중 환했을 때가 언젠지 아냐?
그건 방앗간 불났을 때다.
초롱산 꼭대기까지 대낮 같았지. 그런데
우리 집엔 칠흑이 쳐들어온 날이지.
한 해 곡식을 방앗간에 쌓아놨거든.
너희들 감기라도 걸리면
그때 부실하게 먹어서 그런가 하고
가슴이 불에 탄 볏가마니 같다.
방앗간 바닥을 쓸어 담고 키질하고
말도 마라. 그해 볶은 쌀 참 많이도 씹었지.
먹물 들이켠 것마냥 잇몸까지 썩어버렸지.
난 지금도 흑미밥은 달갑질 않아야.

메주
어머니학교 52

메주를 왜 네모나게 만드는지 아냐?
굴러떨어지면 데굴데굴 흙먼지 묻을 것 아니냐,
묶어 매달기 편해서도 그러겠지만
각지게 만든 게 장맛이 더 좋아야.
각진 놈은 둥그러지고 싶고
둥근 놈은 각 잡고 싶지 않겠냐?
맛이 무슨 군인이라고 혓바늘 세워
각 잡고 군기 세우고 그러겠냐?
맛은 두루뭉술 넘어가는 목넘이가 좋아야지.
그래서 둥근 노깡* 샘보다
네모난 대동샘 물맛이 더 좋은 거여.

*노깡: 토관土管의 일본 말로, 시멘트를 빚어 만든 둥근 관.

이우지
어머니학교 53

오 년 됐나? 너랑 윗집 두연 아저씨하고 싸운 게.
장독대 울타리에 바짝 짐승우리를 짓는 경우가 어디 있냐,
이게 뭔 이우지*냐, 삿대질 안 했냐?
어머니 돌아가실 때까지는 소 한 마리 넣지 않고
짚토매나 쌓아둘 거라고 두연 아저씨가 널 꼬드길 때,
우사 지어놓고 어머니 죽을 날만 손꼽겠다는 마음보 아니냐,
니가 좀 지랄하지 안 했냐? 내심 흐뭇하더라만
한 마리 두 마리 송아지를 불리더니 지금은 숫제 우시장이다.
두연 아저씨한테 뭐라 마라. 떡 방앗간 돌리랴, 소 키우며
이장 보랴, 청년회장 하랴, 노인네들 텃밭 일까지 거들랴,
동네 효자다. 가래떡 뽑을 때마다 한 덩이씩 대문에 매달아
놓고 간다.
게다가 두런두런 소들이 울어대니 혼자 사는 어미 잠자리가
든든하다.
갓 스물에 시집 와 열세 식구 건사할 때처럼 훗훗하다.
맨날 명절이여, 대가족이 따로 없다니께.

＊이우지: 이웃.

허풍
어머니학교 54

억지로 잡아끌어서 들어갔다만
혼자 농사짓는 여편네가 벌건 대낮에
영화관이 뭐다냐? 젊어 아버지하고 한 번
가본 적 있는데 줄거리는 기억에 없어야.
그때만 해도 우리가 주인공이었으니께 말이여.
오늘도 하나 못 봤다. 눈치챘겠지만
내내 졸았으니 말이다. 어미 호강시키려고
어려운 짬 내서 식당까지 예약했는데 미안하다.
니 덕분에 반백 년 만에 영화관에서 곤히 잤다고 한 말,
섭섭해 말아라. 하품하다가 생각 없이 던진 것이니께.
젊은 놈하고 영화관에도 가고 갈비도 뜯었다고
동네방네 입방정 떨어놨으니, 안팎 홀아비들이
새아버지 얘기 꺼내면 당최 모르겠다고 해라.
푹 잤다고도 했다. 우습지? 칠순 지나니께
무술영화 주인공처럼 무서운 게 없어야.

애기바위
어머니학교 55

더덕밭에 베개만 한 돌부처 있잖냐?
몇 해 전까진 돌덩인 줄만 알았던 애기바위 말이여.
내가 그 돌부처한테 잘못한 게 많아야.
지심 맬 때 애기 목에 바랭이 풀도 올려놓고
수건이며 새참거리며 날선 왜낫도 걸쳐놓고 말이여.
가을이면 새마을모자에 헌옷가지 입혀 허수아비로 부려먹기도 했지.
난쟁이 똥자루만 한께 새들도 깐보지, 눈총 주며
돌뿌리 들어 올려 구척장신 만들자고 아버지한테 보채기도 했어야.
누더기에 깡통목탁까지 두드려댔으니 탁발공양 제대로 한 셈이지.
목덜미에 라디오를 매달아놓으면 옹알이도 하고 춤도 췄지.
또 하나 잘못한 건, 그 애기 허리에 염소를 묶어놓은 일이여.
바위 둘레에 까만 염주 알이 수북이 쌓였지.
돌아보면 사람은 몰라도 밭작물은 알았던 거 같아.
돌부처 언저리엔 도대체 씨앗을 부쳐 먹을 수가 없었으니께.
그래도 심심하진 안 했을 겨. 내가 첫째 잃고

갸를 쓰다듬으며 시름시름 신세한탄 좀 했거든.

엊그제는 새벽이슬 털고 가서 잘못했다고 빌고 왔어야.

머리통에 탁탁 참깨도 털고 콩 타작도 했거든.

잘못했다고 몇 번을 말해도 자꾸만 웃기에 입술 좀 문질러 줬지.

그러다 그만, 그 두꺼비 같은 볼에 틀니가 부딪혀 벗겨지고 말았어야.

밭두둑에 세워둔 마른 옥수수며 깻단까지 어찌나 깔깔대는지.

귀밑까지 붉어지더라. 그래 허벅지까지 치마를 걷어붙이고는 남세스럽게 애기부처의 머리에 앉아봤어야. 어미가 낡은 과부지만

순정만은 앵두 빛 아니냐? 몇 걸음 옮겨서 엉덩이 까고 오줌까지 눴어야.

마른 가뭄에 과부 오줌 소리를 자못 흥건하게 들었으니

곧 발복하지 않겠냐? 어미 애기 참 새꼼맞지?*

다 웃자고 하는 소리니께 숭보지는 말고.

＊새꼼맞다: 뜬금없다.

소설
어머니학교 56

너무 힘들어서
물가에 고무신 벗어놓고
멍하니 들여다보고 있는데, 눈물이 마르면서
고무신 안쪽에 자동차바퀴가 보이더구나.
그 껌정고무신이 타이아표였거든.
바퀴 안에 진짜라고 써 있더구나.
애들 놔두고 진짜 죽으려고?
그래 얼른 신발을 다시 꿰찼지.
저수지 둑을 벗어나 집으로 오는데,
신발 속에서 진짜, 진짜, 울먹이는 소리가
종아리를 타고 올라오더구나.
진짜 애들한테 떳떳한 어미가 돼야지, 맘먹고는
이날까지 왔다. 글자 하나가 사람을 살린 거여.
넌 글 쓰는 사람이니께 가슴에 잘 새겨둬라.
내 말을 믿으면 진짜 글쟁이고
안 믿으면 그 흔해빠진 똑똑한 아들만 되는 거고,
근데, 어미가 니들 놔두고 진짜 죽을 생각을 했겠냐?
이런 거짓부렁을 소설이라고 하는 거.

3

된장 고추장 빼고는 숫제 간도 보지 마라

가장 힘들어서 가장인 거여

눈물둑
어머니학교 57

큰애 너도 곧 쉰이다. 눈 밑에

검은 둔덕이 쪽밤만 하게 솟았구나.

눈물 가두려고, 눈알이 둑을 쌓은 겨.

아버지는 그 눈물둑이 얕았어야.

속울음으로 억장 울화산만 키우다

일찍 숨보가 터져버린 거지.

슬플 땐, 눈물둑이 무너져라

넋 놓고 울어라. 본시 남자란 게 징인데

좀 징징거린다고 뉘 뭐라 하겠냐?

가장
어머니학교 58

높은 데다 꾸역꾸역 몸 올려놓지 마라.
뭐든 잡아먹으려고 두리번거리는 놈하고
잡아먹히지 않으려고 흘깃거리는 것들이나
꼭대기 좋아하는 거여. 상록회장에
이장만 안 했어도 십 년은 더 사셨을 거다.
대통령한테 마을 밤나무단지 하사금 타내려다가 시비가 붙어
코뼈가 가라앉은 것도 책임 떠맡은 죄 때문이 아니냐?
남자는 가장 하나만으로도 허리가 휘고 그늘 벗을 날 없는 겨.
된장 고추장 빼고는 숫제 간도 보지 마라.
가장 힘들어서 가장인 거여.

멸치죽
어머니학교 59

민물고기를 좀 좋아하셨냐?
니가 일여덟 살 때였을 거다.
겨울밤, 취한 아버지가 널 깨워서
송사리 세 마리만 건져 오라고 한 게 말이다.
주전자에 얼맹이*를 들고 나가
정말이지 딱 세 마리 건져 왔지.
멸치 여남은 개 부숴서 어죽을 끓였는데
참 맛나다! 한술 뜨고 머리 한번 쓰다듬고
참 맛나다! 한잔 들고 등 한번 토닥였지.
근데 새벽에 나가 보니 부뚜막에
송사리 두 마리가 은비녀처럼 누워 있더라.
송사리는 추운 한밤중에 잡아야 한다고
그때 먹은 어죽이 그중 맛있었다고 침을 삼키곤 하셨지.
부뚜막 송사리 얘기는 돌아가실 때까지 안 했다.
저승에서도 지금 입맛 다시고 계실 게다.
눈발 치는데 멸치죽이나 끓일까?

* 얼맹이: 어레미. 밑바닥의 구멍이 굵고 큰 체.

학생부군신위
어머니학교 60

가축하고 빗대는 건 얼토당토않다만
외양간 송아지가 아비 찾든?
열두 마리 돼지 새끼들 가운데
아버지 찾아달라고 식음 전폐한 놈 있든?
아버지라면 꼴도 보기 싫다고, 니가
작대기로 장독 깨부쉈을 때가 열여섯 살 때다.
우리 집 묵은 장맛이 그때 대가 끊겼다.
늦잠 자는 새끼들 군불이나 지펴주고
대처로 나갈 즈음 대문이나 열어주는 거야.
아비는 다 쓸쓸한 거다. 공부 못해서
외국 안 나가는 걸 다행으로 여겨라.
애들 공부 못하는 것도 복이다.
새끼들 우등생이라고 으스대고 살았다만
무녀리 한 놈만 있었어도 어미 혼자 농사짓겠냐?
허수아비도 짝으로 서 있는 판에.

정삼이
어머니학교 61

네 동생 정삼이가
소꿉친구 용필이랑 삽이며 쇠스랑이며 괭이며
집안 상일꾼들을 몽땅 톱질해서 엿 바꿔먹은 날,
아버지한테 다리몽둥이 결딴날까 봐 장독대에 숨겼는데
빙긋이 웃으며 그러시더라, 지난겨울엔 조막손 하나 덥히려고
샘안집 닷 마지기 집채만 한 짚누리도 태운 놈이여.
그해 소여물로 먹일 우리 집 짚단은 몽땅 샘안집 외양간으
로 떠났지.
톱질하느라고 땀깨나 쏟았을 텐데 이밥에 고깃국 좀 내줘.
나중에 군대 가면 저놈이 삼팔선도 둘둘 말아서 엿 바꿔먹
을 위인이여.
어미 아비 고생한다고 농번기 휴가까지 생각해주는 아들 있
으면
어디 나와봐! 헛기침 놓으시던 거 생각나냐?
육군만 입대했어도 칡덩굴 걷어내듯 철조망 둘러메고 제대
했을 텐데
걔가 서산 비행장에서 공군으로 짬밥 먹지 안 했냐?
딸내미 둘 키우며 가마솥 갱엿처럼 살고 있다만

아버지 말씀대로 큰일 한번 저지를까 봐 걱정도 돼야.
암만, 그 근심 하나만으로도 어미는
통일 쪽으로다 오른손 든다야.

기적
어머니학교 62

오늘부터 송아지를
아침저녁으로 번쩍 안아 올려봐라.
소 한 마리가 마른 깻단보다 가벼운 겨.
서리 내릴 쯤엔 천하장사가 돼 있을 거다.
어제 들어 올린 소를 오늘 왜 못 들겄냐?
송아지가 크는 만큼 힘도 세지는 겨.

밤에는 마당가 수수 싹을
친구들 몰래 뛰어넘어 봐라.
하늘을 나는 게 봇도랑 건너듯 쉬운 거다.
기러기 올 쯤엔 지붕 위를 훨훨 날아다닐 겨.
어제 뛰어넘었는데 오늘 왜 못 넘겄냐?
싱거워서 대문으론 드나들지도 않을 거다.

수수모가지가 고개 숙여 인사할 테지.
수수뿐이겄냐? 들판 벼이삭들이 죄다 절하겄지.
친구들도 턱을 쳐들고 우러러보겄지.
기적이란 게 먼 데 있는 게 아니다. 맘칠문삼!

갈비뼈 안쪽이 칠 할이고 문지방 언저리가 삼 할이여.
아버지가 총기 있을 때 하신 말씀이다.

기적을 믿으란 말이여.
당신은 기적은커녕
기저귀 차고 마감했지만 말이여.

선생님
어머니학교 63

태풍에 찢긴 자두나무 가지로
감나무 밑가지를 받쳐 모셨더니
이렇게 익으라고, 풋자두가
머리 위 땡감한테 훈장이 되어
기진맥진 붉게 가르치더구나.
세 사람 중에 스승 한 분 있다는데
어디 집밖에서 어정거리겠냐?
일찍 돌아가신 아버지도 스승이고
까막눈 이 어미도 선생님이지. 근데
누굴 깨우치겠다고 자두나무마냥
맹감땡감 사타구니 찢지는 말고.

중심
어머니학교 64

맘을 먹었으면 꼭짓점 딱 찍어놓고 솔개처럼 빙빙 돌아야 해. 배고플수록 눈은 더 밝아지는 거여. 우리가 먹는 유정난도 빙글빙글 맴돈 수탉 덕분이지. 깃털 몇 개 흩날리는 암탉의 등짝 개간지가 수탉의 중심이여. 마누라가 등 가렵다 궁둥이 들이밀 때 등만 긁어주는 닭대가리 되지 말고. 모이통의 중심은 부리 끝이고 뒷간 똥독의 중심은 똥 막대기지. 밥그릇의 중심은 숟가락이고 선산의 중심은 아버지 무덤이여. 산은 무덤을 떠먹어야 두둑해져. 허기가 세상의 중심인 겨. 아버지가 어미의 중심을 온몸으로 더듬어서 너라는 중심을 만든 거여. 아픈 큰놈한테 잘해라. 살얼음 잡힌 겨울 강에 중심을 찍고 있는 저 외다리 철새는 슬픔이 없겠냐? 중심을 놓치면 비틀거리는 거여. 먹구름을 입었다 벗었다, 달덩이도 헛헛해서 중심 못 잡고 하늘을 빙빙 도는 거여.

가물치
어머니학교 65

자고로 사내란
사타구니에 두더지 한 마리씩 키우지.
어떤 사내들은 장터로 방목도 다니고 방생도 한다지만
아버지 두더지는 텃밭을 벗어난 적 없어야.
두더지보다도 아버지가 평생 공들인 건
오른팔 적삼 속에다 키운 가물치 한 마리여.
난생처음 예당저수지로 낚시질 갔다가
눈먼 가물치를 비료포대에 담아 왔는데
이 사람 저 사람 짬날 때마다 어찌나 호들갑 떨던지.
그 가물치가 해마다 두어 뼘씩은 자라서 나중에는
팔뚝만으론 설명할 길이 없는 거라, 허벅지까지 걷어붙이고는
딱 한 번 잡아먹은 비린 것 자랑이 이만저만 아녔는데
당신이 그 가물치를 잡지 않았으면 배가 뒤집힐 텐데
덕산고등학교 조정 선수들이 어찌 노를 저을 것이냐,
막걸리 사발이나 비워댔지. 남자는 풍이 좀 걸쭉해야 사내답지.
 그 왕가물치가 꼬리지느러미로 저수지 바닥을 때리면
 집채만 한 너울이 일어 예당평야에 물난리가 났을 것이라고

흰소리 늘어놓더니, 간경화에 설암까지 겹쳐 허벅지를 꺼냈
을 때
　가물치도 그 옛날 비료포대로 되돌아간 듯 시름시름 비척대
더구나.
　가물치가 사타구니 쪽으로 주둥일 치대니까
　아버지 두더지는 어느 구멍으로 사라졌는지
　막내 낳기도 전에 소금 맞은 거머리처럼 가뭇없어졌는데
　엊그제 선산에 올랐더니만 아버지 무덤 가운데다
　기똥차게 가르마를 터놨더구나. 그나저나
　가물치가 여자한테 아무리 좋다 한들
　두더지 내뺀 뒤에 뭔 소용이겠어.

삐딱구두
어머니학교 66

뭔 일 저질렀나?
늦기는 해도 외박은 없던 양반인데 말이여.
일이 손에 안 잡혀. 물동이를 이어도 똬리가 쪽머리에 걸치고
고추 순을 집어도 가지째 꺾어대야. 아니나 다를까 저물녘에
개똥참외처럼 노란 택시 한 대가 독 오른 복어처럼 들이치
더구나.
반가운 마음하고 속상한 마음을 썩썩 비벼서 한마디 쏴붙이
려는데
삐딱구두에 명태알 같은 스타킹이 택시 뒷문에서 나오는 거여.
먼저 내린 아버지가 양산을 펼쳐주며 눈꼬리에 은방울꽃을
매달더구나.
들고 있던 연장을 휘둘러도 시원치 않을 판에 내가 뭔 죄를
졌다고
땀 닦고 치마에 검불을 떼어내며 머리를 조아렸는지 몰라.
아버지가 누추한 내 몰골에 혀를 차더니, 작은댁 출출할 테니
조기 굽고 닭 잡아서 뚝딱 밥상 차리라고 으름장을 놓더구나.
머리로는 쥐약에 살충제를 간간하게 섞어서 국 끓이고
된장 독 구더기만 꺼내다가 호박전을 부쳐주고 싶었다만

이 악물고 소찬이나마 정갈하게 한 상 차려 올렸지.
뭔 구경났다고 빡빡머리 새끼들은 어미 입성 한번 보고 그
쪽 한번 보고
그 양반은 애들 차례로 불러서 동전닢 뿌리며
구정물에 양조간장 치듯 싱긋싱긋 웃어대는데 환장하겠더라.
숟가락 놓자마자 삐딱구두를 뒷마루 옆 토끼장으로 불렀지.
토끼가 먼저 울었는지 붉은 눈으로 쳐다보더구나.
앞길이 창창한 처자가 우리 집에 제 발로 들어와줘서 고마워.
논은 열일곱 마지기고 밭도 몇 뙈기 있으니 밥은 굶지 않을
거여.
종갓집이니 제사와 시제는 당연하고 한식 차례도 잘 부탁하네.
내가 밭이 성해서 삼남 이녀 골고루 됐으니 후손은 걱정 말게.
이미 들었겠지만 시어머님이 두 분이니 공경심이 곱으로다
필요할 거여.
마지막으로 부탁 하나 있으니 꼭 들어줬으면 하네.
자네는 이제부터 농사짓고 밥하고 빨래하며 살아가야 할 테니
그 필요 없는 삐딱구두와 양산은 나에게 선물로 줌세.
나도 고것만 있으면 읍내 제일은행원도 사귈 수 있겠구먼.

어뗘? 빛바랜 양산과 구두 한 켤레를 비싼 논밭하고 맞바꾸면 괜찮은 거래 아닌감? 내가 말의 시치미도 거둬들이질 안 했는데
바깥마당으로 나가서 기다리던 택시에 겨들어가더라고.
한 시간 안에 저 여우를 다시 태우고 나가게 될 거라고
택시 기사와 내기를 걸었거든. 돈을 걸었지만 어떻게 받겠어.
삼십 년도 더 지난 얘기여. 지금 읍내 제일은행에 손녀가 다니는데
들를 때마다 나 혼자 머쓱하고 불쾌해지고 그랴.
그때 삐딱한 인연을 바꿔치기했으면 어찌 됐을까, 하고.

장판
어머니학교 67

볏가마니 수매하는 날이 다가오면
걱정이 물풍선 오줌보여. 도무지 잠이 안 와.
술집에서 털리고 비틀거리다 아무 데서나 쓰러져 잃어버리고,
그날도 해가 중천일 때 들어왔는데 빈주머니여. 잃어버렸대.
어디서 잤냐니까 잘 아는 술집이여. 거기 바깥양반이 아버지하고 친구거든.
믿을 만한 분이긴 한데, 본처 놔두고 후처 들여놓고 막걸리를 파는 집이여.
감이 잡혀도 어떡해. 일 년 농사 공쳤지. 근데 소문이 왔어.
그 집 여편네가 장판 밑에다가 뭉칫돈을 깔아놓고 빼 쓴다고.
누군 누구여. 지들끼리 도둑놈이니 도둑년이니 부부싸움 하다가
큰소리가 담을 넘은 거지. 그래 술집으로 달려가서 안주인을 불렀지.
아무 말 안 했어. 에고 추워라. 술국을 얼마나 끓였으면 이리도 쩔쩔 끓나?
우리 집도 보일러 배관을 바꿔야겄어. 이 집은 구리 관을 썼나?
장판을 들추려니께 내 손을 꽉 잡고는 자기는 안 훔쳤다고

방바닥에 떨어져 있어서 누구 건 줄 몰랐다고 설레발을 떨데.
합심협력으로 장판을 걷고 긁어모았는데, 좀 모자라.
어쩔 수 없지 뭐. 수첩도 그대로 있고, 영수증 위에
큰애 니 이름하고 어미 이름이 적혀 있는데, 그 옆에
미안하다고 써 있더라고, 그 수려한 필체를 보니께
술집 여편네 상판대기는 안중에도 없어.
후딱 집에 와서 고깃국에 술상 거나하게 올렸지.
돈 찾았으니께 근심 놓고 쭉 들이켜유. 그러고는
눈에 탑세기* 박힌 것처럼 눈짓도 날렸지.
이러쿵저러쿵 다 인생이지 뭐. 그 어떤 냉구들도
미안해, 고마워, 사랑해, 세 마디면
황토 찜질방처럼 쩔쩔 끓는 거여.

* 탑세기: 티끌, 솜먼지.

갈비뼈 장작
어머니학교 68

　세삼細蔘밭에 품팔러 온 읍내 아줌마들이 농담짓거리를 하는데 알아먹을 수가 없어서 웃는 척하느라 고생했어야. 남편이 교통사고로 급작스레 죽자 젊은 아내가 실어증에 걸렸댜. 손짓발짓 바쁜 대로 이웃과는 별 막힘없이 의지가지 살아가던 어느 날, 넋이 나간 채 달려와서는 뭐라뭐라 몸부림치는데 당최 이해할 수가 없더랴. 다급한 색시가 웃웃을 훌러덩 벗더니 양 젖퉁이 사이에 시옷을 쓰더래. 불났네. 불이 났어. 한자로 불 화火를 썼네. 땅바닥을 치며 다들 까무러치게 웃어젖히는데, 까막눈인 어미가 도통 알아먹을 수가 있어야지. 불이란 말만 들어도 가슴이 세로가로 쿵쾅거리는 데다 억지로 웃으려니 입술이 부르르 떨리더구나. 큰애 니가 초등학교 댕길 땐가, 집안 추스르기가 죽기보다 힘든 아버지가 아래채에 불을 질렀어야. 어머니 두 분에 다람쥐 같은 새끼들 곤히 잠든 한밤중에 말이여. 아버지도 걱정이 됐는지, 내 발을 툭툭 차며 나가보라더라. 얼마나 활활 타오르던지, 속옷 바람으로 아랫말 백 세 어르신들까지 나와서는 혀를 차며 불을 껐지. 징 소리 둥둥, 술 취한 아버지는 다 타버리게 놔두라고 고함치며 울더라. 얼마나 힘에 부쳤으면 그랬을까. 돌아가실 때까지 아버지 뜻을 한 번도 거역한 적 없지 싶어. 그 양반을 떠받든 게 아니라, 그 양반의 고통과 설움에 시중을 든 거여. 천불이 나는 아버지 가슴에 한 바가지 찬물로 살고 싶었어야. 죽어 아버지 곁에 들면, 먼저 앙가슴 풀어헤치고 사람 인 자(人) 크게 써볼란다. 그 어떤 가슴인들 불길과 그을림이 없었냐? 사람 모양새로 갈비뼈 장작이 한가득 쌓여 있거니.

남는 장사
어머니학교 69

목 아파 죽겄다.

- 곡식자루 이고 장에 다녀오셨어요?

내다 팔 거나 있냐?
니들도 아버지도 다 떠나서 그렇지.

- 돌아가신 지 이십 년 가까운데
  아직도 목 빼고 기다리세요?

잠을 잘못 잤나 벼.
이젠 베개까지 달아나야.
머리에 착 달라붙어서 자석베개련만.

- 베개를 아예
  요에다 꿰매놓으세요.

식구들 잠들었을 때

베갯머리 잘 디밀어줘라.

- 자지 않고 베개만 지킨데요?

깜깜한 잠자리에 그런 눈길 두어 번이면
자식이고 아내고 지극정성을 다하는 법이여.
잠결에도 그런 건 다 느끼는 거여.
그만큼 남는 장사가 어디 있겠냐?

문상
어머니학교 70

하루 살면 하루 더 고생이여.

내가 요즘 송장을 지고 다녀야.

관짝 중에 관짝 마을회관 찜질방 가야지

요령 대신 탬버린 흔드는 임종노래방 출연해야지

날마다 장례 준비위원회에 출근도장을 찍는다야.

떠돌이 약장수한테 추임새 넣어줘야지

빈방 다섯에 개 닭 고양이 텃밭 돌봐야지

송장이 과로사할 지경이여.

아버지 젯날이나 빼먹지 마.

바쁜데 뭔 문병이여, 좀 기다렸다가

어미 문상이나 오면 되지.

수선화
어머니학교 71

텃밭 둑이 자꾸 무너져야.
아버지가 백 년 묵은 탱자나무 둥치를
팔아치운 뒤로 흙탕눈물을 내뿜는 거지.
머위도 심고 호박덩굴도 늘여봤지만 허사야.
그래 골똘히 생각해보니까, 답은 수선화여.
해마다 멍석 테두리를 넓혀가는 수선화를
둥글게 떼어내서 탱자나무 섰던 데부터
늙은 감나무 밑동까지 꿰매 붙였지.
수선화가 피어서는 감나무 새잎을 올려다보면
반짝반짝 감나무 이파리들이 간지러워 죽으려고 해.
그럼 좀 있다가 감꽃이 노랗게 피어서는
꽃 진 수선화 위로 훨훨 흩뿌리는데 꼭 사랑을 주고받는 것 같아.
달빛 내릴 때 보면 삼삼하니 아버지 생각이 사무쳐야.
맥주 한잔에 내가 왜 이리 수선 떠나 모르겠다.
하여튼 무너진 데 수선은 수선화가 최고여.
탱자처럼 시고 떫은 인생을 남겨준 것도 아버지니께
산소에 갈 때 몇 뿌리 옮겨놓든지.

하루살이
어머니학교 72

막내가 가르쳐준 건데
하루살이는 애벌레 때부터
스무 번도 넘게 허물을 벗는다더라.
그러니께 우리가 보는 하루살이는
마지막 옷을 입고 날아다니는 거지.
수의엔 주머니가 없다는데
알주머니 하나를 온전하게 채우고
비우려고, 필사적으로 사랑을 나누는 거여.
필사적이란 말이 이렇듯 장한 거다.
어미 아비만이 할 수 있는
거룩한 춤사위여.

해설

어머니의 화엄 시학

— 황현산黃鉉産(고려대학교 명예교수·문학평론가)

　이정록의 시집 『어머니학교』는, 시인의 말을 믿는다면, 시인과 시인의 어머니가 함께 쓴 시집이다. 이렇게 쓰면서 나는 시인의 어머니와 시인 가운데 누구를 먼저 말해야 할지 조금 망설인다. 그래서 '이 시를 쓰는' 아들에게 어머니가 하는 일은 무엇인지도 묻게 되고, 더 폭을 넓혀서 '시 쓰는' 아들에게 어머니는 무엇인지도 묻게 된다. 조금씩 모양을 바꾼 질문들이 더 떠오른다. 학교를 다닌 적이 없는 어머니에게 학교의 교사인 아들은 무엇인지, 고급 지식을 머리로 천착해온 아들에게 세상을 몸으로 배우고 몸으로 살아가는 어머니는 무엇인지, 무른 어머니학교와 단단한 아들의 학교가 무엇으로 서로 차별을 짓고 무엇으로 서로 보충하는지, 아니 차별이나 보충이라는 말이 가당한 것인지⋯⋯ 그런데 나는 이렇게 차례차례 또는 한꺼번에 질문을 떠올리면서, 저 무른 학교의 가르침을 추스르는 일보다는 두 학교의 관계에서 시가 무엇이며, 시 안에서 두 학교의 위치는 어디에 있는지 묻는 일에 먼저 모아진 초점을 쉽게 이동하지 못한다. 이는 내가 아들의 글로 전해지는 어머니의 경전을 가볍게 여기기 때문이 아니라, 그 지혜로운 말에서 하나의 시학을 보려 할 때만 그 가치를 가장 깊이 이해하게 된다고 암암리에 믿기 때문일 것이다.

이 시집의 서문에서 시인은 어느 날 새벽 몸이 이상해서 살펴보니 오른손을 제외한 온몸이 어머니와 한 몸이 되어 "침대와 천장 사이를 날고 있었다"고 말한다. 몸이 이상하게 크게 변화했다는 것은 그의 주체가 반나마 허물어져 다른 존재를 받아들였다는 것이고, 몸이 떠서 날고 있었다는 것은 그렇게 변화된 존재가 예전의 존재보다 더 고양되고 활기찬 상태를 경험했다는 것이며, 오른손이 "채 어머니로 변하지 않"았다는 것은 존재의 두 상태를 조종하고 비평하는 의식이 여전히 남아 있었다는 것이다. 이 의식이 "쏟아지는 어머니의 말씀"을 받아 적었다. 시인은 이 창작의 정황에 대해 '시마'와 '빙의'를 모두 부정하고 있지만, 그러나 또한 이 부정은 어떤 마력에 휘둘리는 것과 같은 특이한 열정의 체험과 강력한 외부적 정신의 개입이 없지 않았음을 암시한다. 이에 대한 시인의 성찰은 다소 엉뚱하게 끝난다. "서른 편쯤 쓰고 나서야 나는 깨달았다. 나를 낳으신 어머니가 수천수만임을." 어머니의 존재가 그렇게 많다는 것은 아들이 그만큼 여러 번 다시 태어났다는 뜻이겠다. 그래서 이 『어머니학교』는 하나의 성장 서사가 된다. 이때 내가 쓰는 "하나의"라는 말은 여럿 중에서 우선 "특별히 기록하고 기념해야 할 하나"라는 뜻이지만, "온전하고 일관성을 지닌"이란 뜻도 포함한다.

  아들이 늘 다시 태어나야 하는 것은 그에게 긍지가 부족하기 때문은 아니다. 부족함은 물론 인간의 숙명이며, 그 숙명에서 벗어났다는 생각이야말로 용서받을 수 없는 오만에 해당한다. 오만은 긍지가 아니며, 차라리 그 반대다. 오만은 모든 긍지를, 저 자신의 긍지까지도 용납하지 않기 때문이다. 따지고 보면 긍지란 떳떳함인데, 떳떳함은 떳떳함과 만나서 떳떳하지만, 오만한 자는 어떤 것과도 만나려 하지 않는다. 떳떳한 만남을 두려워하고 저주하는 오만은 필연적인 고립을 피하기 위해 저 자신을 제도로 만든다. 다시 말해서 세상은 이렇게 되어 있다거나 되어 있어야 한다고 말함으로써, 만나는 대신에 지배한다. 제가 무엇을 하는지 묻지 않는 관료 조직이 그렇고, 온갖 이데올로기가 그렇고, 무엇보다도 지식의 체계가 그렇다. 어머니는 이 지식의 체계를 비롯한 모든 체계의 비밀을 안다. 「메주」를 "어머니학교"의 철학이라고 불러 마땅한 것은 그것이 음식 맛의 비법일 뿐만 아니라 지식의 존재론에 닿아 있으며, 빈틈없는 두서를 자랑하는 것들, 지나가는 사람을 붙들고 너는 누구여야 한다고 말하는 것들의 앞뒤 두 끝을 한꺼번에 쥐고 그 머리와 꼬리가 서로 만나게 하는 탁월한 방법론의 예시이기도 하기 때문이다.

  메주를 왜 네모나게 만드는지 아냐?
  굴러떨어지면 데굴데굴 흙먼지 묻을 것 아니냐,

묶어 매달기 편해서도 그러겄지만
각지게 만든 게 장맛이 더 좋아야.
각진 놈은 둥그러지고 싶고
둥근 놈은 각 잡고 싶지 않겄냐?
맛이 무슨 군인이라고 혓바늘 세워
각 잡고 군기 세우고 그러겄냐?
맛은 두루뭉술 넘어가는 목넘이가 좋아야지.
그래서 둥근 노깡 샘보다
네모난 대동샘 물맛이 더 좋은 거여.

 지식은 저 자신이 무한한 세상의 한 귀퉁이를 몇 개의 네모꼴로 잘라서 편하게 사용하기 위한 잠정적 수단임을 알지 못할 때 오만한 권력이 된다. 지식은 크고 둥근 것을 다 말할 수 없어서 작고 네모난 것으로 말한다. 구불구불 움직이는 것들을 한꺼번에 말하기 어려워 그것들을 직선 위에 세워놓고 말한다. 내력이 습관을 만들지만, 습관은 내력을 기억하지 못하기에 습관이라고 불린다. 메주와 샘은 왜 제가 네모난 것으로 멈춰 있는지를 기억한다. 그것이 어머니의 기억이다. 그러나 또한 어머니는 네모가 네모인 것을 축하한다. 조각난 네모와 정지된 직선에 길든 습관은 제가 크고 둥글고 움직이는 것이라고 생각하며, 그 생각이 바야흐로 권력이 된다는 것을 어머니는 알기 때문이다. 네모와 직선은 저를 비우고 최초의 의도를 다시 불러오기 위해서만 거기 있어야 한다. 어머니는 자신을 작은 네모로 자각하는 네모를 축하

한다.「전망」에서 말하는 것처럼, "둥지에서 내다보는" 것이 아니라 "있는 힘 다해, 날개 쳐 올라가서 보는" 것이 "진짜 전망"인 이유도 이와 같겠다. 가진 힘을 다 모아 자리를 옮겨보는 새는 제가 보았다고 생각한 것을 부정하고, 그렇게 부정해야 할 것으로 이루어진 저 자신의 주체를 깨뜨린다. 이렇게 해서 '어머니학교'의 철학은 시학이 된다. 모진 것에서 둥근 것으로, 둥근 것에서 좀 더 커진 모진 것으로 재빠르게 이동할 수 있을 때 자주 성공하는 것이 시 쓰는 일이기 때문이다.

내력에 대한 기억이 이 재빠른 이동을 늘 가능하게 하지만, 그렇다고 해서 이 기억의 시간들이 제 차례를 지키며 일렬로 서 있는 것은 아니다. 시간은 오히려 어떤 순간에, 아니 그보다는 어떤 장소에 한꺼번에 모여든다.「검은 눈물」에서 "성난 새끼" 추스르기 위해 어머니가 가장 신령한 새의 날갯짓으로 곡진한 마음의 춤을 추는 시간이 그렇고,「눈물둑」에서 "숨보"를 막지 않기 위해 "눈물둑이 무너져라" 넋 놓고 울게 될 시간이 그렇고,「중심」에서 "허기"가 행동의 예각으로 모이는 시간이 그렇다.「몸과 맘을 다」에서 장맛을 만드는 "묵은 시간"은 한 장소의 깊이를 만드는 그 시간들의 종합처럼 보인다.

장독 뚜껑 열 때마다
항아리 속 묵은 시간에다 인사하지.
된장 고추장이 얼마나 제맛에 골똘한지
손가락 찔러 맛보지 않고는 못 배기지.

술 항아리 본 적 있을 거다.
서로 응원하느라 쉴 새 없이 조잘거리던 입술들.
장맛 술맛도 그렇게 있는 힘 다해 저를 만들어가는데,
글 쓰고 애들 가르치는 사람은 말해 뭣 하겠냐?
그저 몸과 맘을 다 쏟아야 한다.
무른 속살 파먹는 복숭아벌레처럼
턱만 주억거리지 말고.

"몸과 맘을 다"하는 시간은 한 존재에게서 그 행위의 의지와 조건이 서로를 이끌며 만나는 시간이다. "있는 힘 다해 저를 만들어"간다는 말은 쉬운 말이지만 단순한 말이 아니다. 생명이, 또는 생명의 형식을 지닌 모든 것이 있는 힘을 다하는 일은 제 숨은 능력의 개화를 향해 매진하는 과정이지만, 그 밀도 높은 시간은 제가 자기 자신임을 가장 완전하게 자각하는 계기이기도 하지 않는가. 복숭아벌레처럼 눈앞에 쌓인 것을 파먹는 일이 그 삶 전체인 생명에게는 그 계기의 순간이 없다. 생명으로서의 제 존재를 온전하게 느낄 시간이 없는 그 생명은 생명조차도 아니다. 모든 시간이 동일한 순간의 반복일 그 생명에게는 기억이 없으며, 기억 속에 축적될 시간도 없다.

어머니학교의 윤리적 품위와 시적 재능의 비밀도 필경 생명에 대한 이 온전한 체험과 자각에서 비롯한다고 해야 할 것이다. 어머니의 말이 늘 기운생동의 묘를 얻는 것은 그 삶이 공간적으로 사물과의 관계를 운동의 형식으로 누리고, 시간적으로 최다의 기억이 지금 여기의 일점을 향해 용숫음치기 때문이다. 말과 함께 관계가 바뀌고, 말과 함께 기억이 다른 또 하나의 성질을 획득한다. 추억담이건 감정의 토로건, 범상하게 시작했던 말이 독자의 진부한 예상을 어김없이 깨뜨리고 방향을 알 수 없는 곳으로 선회하여 뜻밖의 자리에서 반전하면서도 그 일관성의 끈을 놓아버리지 않는다. 길다고 할 수 없는 한 편 한 편의 서술이 요약하기 어려운 말의 곡절을 그렇게 담아낸다. 「주전자 꼭지처럼」은 어미 아비 노릇의 고달픔에 관해서 먼저 말한다. 그 가슴이 끄슬려 솥바닥과 같다. 만인의 부모인 하느님도 "수족 저림"에 걸렸을 것이고, "숯 씹은 돼지처럼 속이 시커멓게 탔을" 것이다. 그러나 그렇게 속이 타면서도, 실은 탈수록, 세상에 보시하는 기능으로서의 "목마른 세상에 주전자 꼭지를 물리는" 일은 극히 은혜로운 일이며, 주전자 꼭지와 주전자 꼭지처럼 생긴 것은, 새 부리가 그렇듯, 대부분 아름답다. 그래서 "주전자 꼭지 얼어붙지 않게 졸졸 노래해"야 한다. 그러나 마지막 말이 남아 있다. "아무 때나 부르르 뚜껑 열어젖힌 채/새싹 위에다 끓는 물 내쏟지 말고." 베풀기에서 중요한 것은 베풀려는 성급한 욕망이 아니라 그 정성이란 뜻이겠다. 논리의 복잡한 곡절을 담고 있는 이 시는 서양의 소네트에도 못 미치는 11행이다. 「물」은 티브이에 연결된 접시 안테나를 눕혀놓으면 새의 물그릇으로 사용할 수 있겠다는 엉뚱한 발상으로부터 시작해서 에어컨에 결로현상이 불러온 의문으로 끝난다. "뭐가 그리 슬퍼서 울어쌓는다니?/남의 집 것도 그런다니?" 그런데 사실은 이런 예시가 부질없다. 『어머니학교』 일흔

두 편 가운데 어느 편도 같은 방식으로 거론되기에 부족함이 없기 때문이다. 사물의 관계가 관계를 개선하여 또 하나의 관계를 들어 올리고, 기억이 기억에 개입하여 또 하나의 기억을 편집한다. 관계와 기억이 말의 활기를 타고 약동하여, 끊임없이 움직이는 평화 하나를 고루 펼친다. 이 평화는 늘 우미하고 때로는 장엄하다.

『어머니학교』는 에로스의 학교인데, 다른 말로 하면 도의 학교다. 범우주적 생명력으로서의 에로스는 생명과 생명을, 생명 아닌 것과 생명을 연결한다. 그 몸이 학교인 어머니는 세상이 바위와 나무와 짐승으로 구별되지 않는 아이의 시선과 바람결 하나에도 만물의 표정이 바뀌는 과학자의 시선을 동시에 지니고 있다. 차별 없는 세상에서도, 빈틈없는 차이로 가득 메워진 세상에서도, 이 모서리와 저 모서리를 연결하는 것은 사랑이다. 사랑이 물처럼 바람처럼 어디에나 스미듯, 어머니의 시선이 또한 그러하다. 섬세하게는 소의 햇빛 받는 쪽 등허리에 얹어야 할 그림자를 생각하고, 굵게는 조국의 통일을 염려한다. 작은 배려도 큰 근심도 둘이 아니다. 생명과 드잡이하고 사귀는 모든 사물은 저마다 동일한 몸의 노고를 요구하며 세상의 크기만큼 몸을 연장해준다. 몸과 세상은 둘이 아니다. 몸이 내가 아니라면 세상도 내가 아니다. 세상에서 노고하는 몸이 나라면 내가 노고하는 세상이 바로 나다. 사랑이 세상에서 노고하게 하고 분열된 자아를 하나로 복원한다. 사물과 노고하여 사귈 때마다, "수천수만" 어머니로부터 다시 태어나는 나는 그때마다 다시 이름 붙여야 하는 도이다.

그러나 슬프다. 어머니학교의 어머니가 벌써 수의를 준비했을 연세에 들었기 때문만은 아니다. 채 실현되기도 전에 사라지고 나서만 파라다이스로 기억되는 모든 파라다이스와 마찬가지로 어머니의 화엄도 그것이 위기에 처했기에 화엄의 빛이 밝게 드러난다고 생각하면 슬프다. 우리는 이제 몸의 척도로는 가늠할 수 없는 세상에 발을 들여놓은 지 벌써 오래다. 우리는 돌아갈 수 없다. 다만, 기억 없는 삶을 향해 줄달음치는 이 세상에서도 기억을 쟁취하려는 정신들은 어디에나 있다. 기억은 용감한 정신들의 미래다. 시는 기억의 재능이며 미래에 대한 믿음이다. 기억집중의 기술을 가르치는 어머니학교는 시인의 학교이며 시인학교다.

어머니학교

초판 1쇄 발행 2012년 10월 25일
초판 6쇄 발행 2023년 5월 23일

지은이 이정록
사 진 임병조
펴낸이 정중모
펴낸곳 도서출판 열림원

등록 1980년 5월 19일(제406-2000-000204호)
주소 경기도 파주시 회동길 152
전화 031-955-0700 | 팩스 031-955-0661
홈페이지 www.yolimwon.com | 이메일 editor@yolimwon.com
페이스북 /yolimwon | 트위터 @yolimwon | 인스타그램 @yolimwon

© 이정록, 2012
ISBN 978-89-7063-758-7 03810

● 책값은 뒤표지에 있습니다.